LA DÉFENSE DE TOUL

EN 1815

RAPPORT OFFICIEL

PUBLIÉ AVEC NOTES

PAR A. BENOIT.

Toul. — Typographie de T. Lemaire

1875

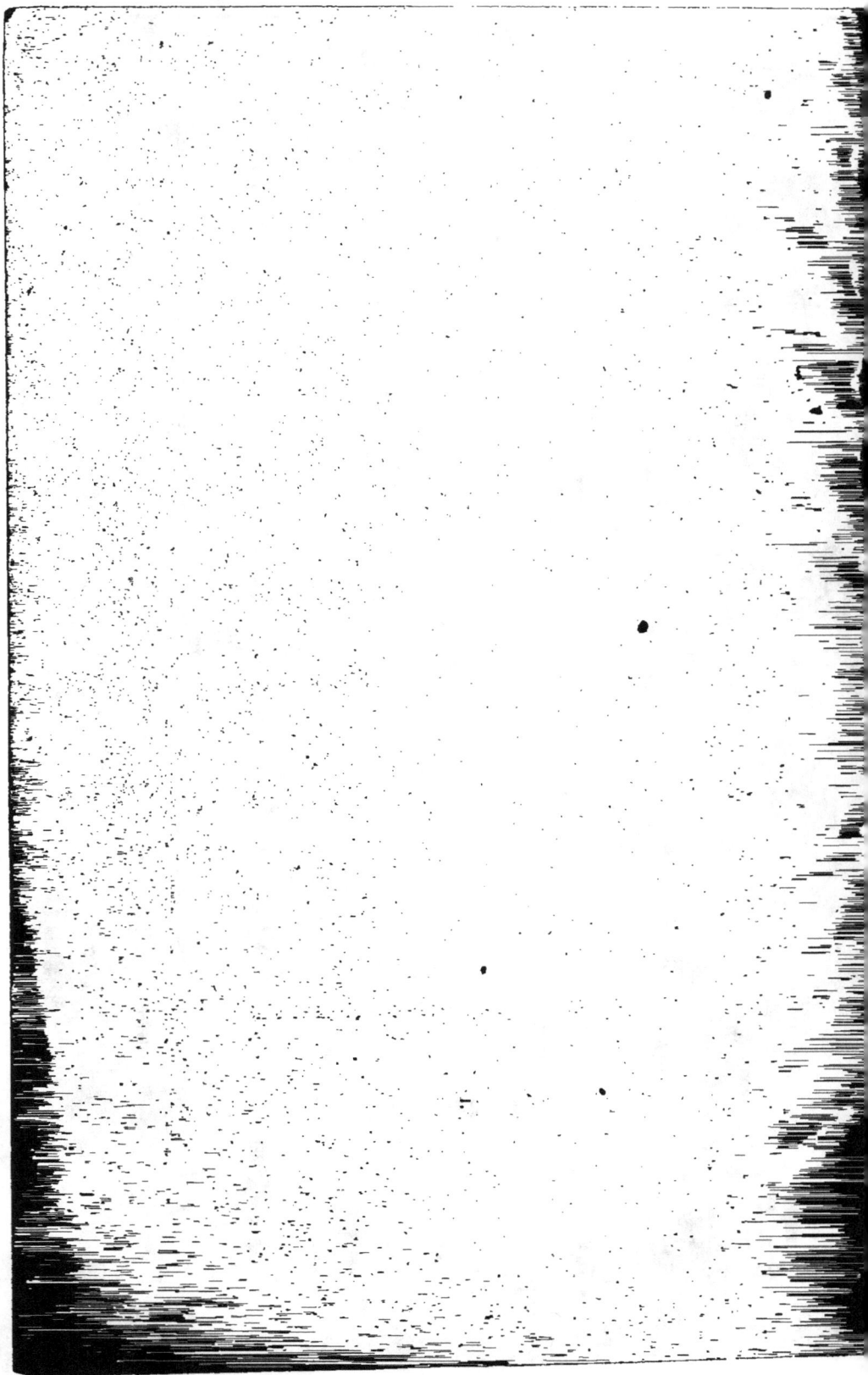

LA DÉFENSE DE TOUL

EN 1815

RAPPORT OFFICIEL

PUBLIÉ AVEC NOTES

PAR A. BENOIT.

Toul. — Typographie de T. Lemaire.

1877

La défense de Toul en 1815

RAPPORT OFFICIEL

PUBLIÉ AVEC NOTES

PAR A. BENOIT.

Toul, le 9 août 1875.

A monsieur le lieutenant général Comte Heudelet de Bierre, commandant la 4ᵉ division militaire.

Mon Général,

J'ai l'honneur de vous adresser ci-joint un rapport succinct des principaux événements qui ont eu lieu dans la place de Toul depuis le 24 juin 1815, jusqu'à ce jour ; le rapport vous fera connaître la conduite de la garnison et des habitants et les moyens que j'ai employés pour maintenir la tranquillité et conserver à Sa Majesté une de ses places fortes. Si vous approuvez ma conduite, mon Général, c'est la seule récompense que je désire.

Je vous réitère encore, mon Général, la prière que je vous ai faite dans mon rapport, pour que vous eussiez la bonté de recom--

mander auprès de Sa Majesté Louis XVIII, messieurs Bron, major du génie ; Rostein, major, commandant des 5ᵉ et 8ᵉ bataillons de la Meurthe ; Michel, chef d'escadron commandant l'artillerie de la place ; Gazin, chef de bataillon du 5ᵉ de la Meurthe et Imbard ancien lieutenant d'infanterie, secrétaire archiviste de cette place : ce sont d'excellents militaires, ayant beaucoup de fermeté et très attachés à Sa Majesté.

J'ai l'honneur d'être très respectueusement, mon Général, votre très humble et très obéissant serviteur.

Le commandant supérieur de la place de Toul,

FRUCHARD.

4ᵉ Division militaire.

RAPPORT DU BLOCUS DE LA PLACE DE TOUL.

Le 24 juin 1815, j'ai formé le comité de défense, conformément aux lois du gouvernement, tous les chefs des partis militaires et administratifs ont rendu compte dans cette séance de leurs moyens respectifs pour la défense de la place de Toul ; procès-verbal a été dressé.

Le 25 du même mois, monsieur le baron Gérard, lieutenant-général commandant la 4ᵉ division militaire, est arrivé dans la place avec son état-major à 4 heures du matin et m'a annoncé que les troupes alliées occupaient Nancy ; le plus grand trouble s'est manifesté

parmi les habitants ; j'ai fait fermer les portes
de la place et j'ai adressé une proclamation
aux habitants pour les inviter au calme ; je
leur annonçai que j'avais pris tous les
moyens, pour la défense de leur ville et que
je ne la rendrais qu'en vertu des ordres du
gouvernement français, le calme fut de suite
rétabli, les mesures de police que j'avais
ordonnées contre les incendies ont été exé-
cutées par les soins de monsieur Balland,
maire de cette ville, avec activité et intelli-
gence.

Le 27, monsieur le baron Gérard a quitté
la place avec son état-major, une compagnie
de gendarmerie et les corps francs. Le même jour, j'ai ordonné à monsieur Levasseur,
lieutenant de gendarmerie, d'aller faire une
reconnaissance avec douze gendarmes sur
la route de Nancy, pour s'assurer si l'ennemi s'était réellement emparé de cette ville ;
il avait l'ordre de ne pas s'engager et de ne
pas attaquer l'ennemi. Cette reconnaissance
avait pour but, si j'aurais encore le temps
de faire rentrer dans la place les approvi-
sionnements en bestiaux pour compléter ceux
de siège. Le 28, ce détachement rentra et
me rendit compte que les troupes alliées
n'occupaient pas encore Nancy, mais qu'elles
devaient y entrer dans la journée.

Le 29, j'ai reçu un parlementaire qui
m'apportait une sommation de monsieur le
comte de Freising, général de division de

l'armée bavaroise, pour rendre la place, si je voulais éviter les malheurs d'un siège, n'ayant aucun secours à espérer, les armées françaises étant détruites. J'ai répondu à cette sommation que la place m'étant confiée, étant pourvue d'une bonne garnison et de tout ce qui était nécessaire à sa défense, j'étais décidé à la défendre jusqu'à la dernière extrémité, et que je ne la rendrais qu'en vertu des ordres du gouvernement et que ce gouvernement avait envoyé des députés vers les puissances alliées pour traiter de la paix, que je lui proposais d'attendre le résultat de ces négociations, afin d'éviter l'effusion de sang de part et d'autre.

Le 1er juillet, un corps bavarois de 4,000 hommes cerna la place de toutes parts, mit plusieurs divisions d'artillerie en batterie ; une heure après ce mouvement, je reçus un parlementaire, qui me somma de rendre la place ou qu'elle serait brûlée dans une heure, de la part de monsieur le lieutenant général comte Becker, il allégua, en outre, que Toul n'était pas considéré comme place forte et que conformément aux ordonnances de Louis XIV, si la garnison se défendait, elle serait passée au fil de l'épée, ainsi que les habitants ; j'ai répondu à cette sommation dans les mêmes principes qu'à la première et j'insistais beaucoup à faire une suspension d'armes pour attendre les ordres du gouvernement.

Le 2 juillet, ce corps bavarois passa sous les murs de Toul, à portée de canon, pour prendre la route de Paris, je défendis à la garnison de faire feu pour ne pas engager une canonnade inutile, et prouver aux troupes alliées que je désirais sincèrement la suspension d'armes que je demandais.

Le 5, j'ai reçu un troisième parlementaire à neuf heures du soir qui m'apportait une lettre de monsieur le comte de Radevski, lieutenant général, chef de l'état major général des armées alliées sur le Rhin, commandées par le feld-maréchal prince de Schwartzemberg. Cette lettre me proposait une suspension d'armes, *j'ai répondu de suite qu'étant trop tard pour commencer les négociations le jour même, je lui proposais de renvoyer au lendemain les pourparlers qui ont effectivement eu lieu au village de Dommartin-les-Toul, le 6 du même mois, entre monsieur le comte Karaczay, capitaine d'état major de la part des alliés et messieurs Bron, major du génie, et Teissier sous-préfet de l'arrondissement de Toul, chargés de mes pouvoirs et instructions pour cette négociation.* Une suspension d'armes a été conclue et ratifiée le même jour. Elle est honorable pour la garnison et avantageuse aux habitants. Cette suspension d'armes étant connue à Nancy, je me crois dispensé, mon Général, de vous en envoyer copie.

Le même jour, je fis une proclamation aux habitants et à la garnison pour leur annoncer cette suspension, j'ordonnai au corps francs de se dissoudre, je leur défendis d'inquiéter les courriers et les troupes alliées qui marcheraient isolément ou en corps et je les prévins que je ferais traduire devant des commissions militaires tout individu qui n'exécuterait pas cet ordre, pour être puni suivant la rigueur des lois, j'ordonnai à monsieur le sous-préfet de Toul d'adresser aux maires de son arrondissement la suspension d'armes que j'avais conclue et ma proclamation, et de leur défendre de fournir ni vivres, ni logement aux corps francs, cette proclamation a eu le but que j'en attendais : ces corps se sont dissous ; il ne restait plus dans les campagnes que quelques brigands que j'ai fait poursuivre et arrêter, ils sont maintenant en jugement devant le tribunal de première instance à Toul et seront traduits devant la cour d'assises, à Nancy, quand la procédure sera instruite, pour avoir arrêté un courrier du gouvernement anglais le 8 juillet, un courrier autrichien le 20 et avoir assassiné une vedette ennemie le même jour.

Les journaux nous ayant annoncé le retour de notre Roi légitime dans sa capitale, je voulais de suite arborer le drapeau blanc, mais ayant appris qu'une grande partie des officiers de la garnison, ainsi que leurs soldats, ne voulaient pas croire à cette heureuse nouvelle ; j'ai craint d'occasionner une révolte et de perdre par là une des places fortes à Sa Majesté, j'ai écrit de suite au ministre de la guerre pour lui demander ses ordres et j'ai invité monsieur le Maire à faire une proclamation aux habitants pour leur annoncer le retour de leur roi légitime : Cette proclamation a été affichée le 15, et il y a eu quelques petits mouvements dans la ville.

J'avais appris que quelques officiers de la garnison devaient chanter à la messe militaire le 16 juillet, le *Domine salvum fac nostrum Imperatorem* etc., j'avais fait assembler chez moi les officiers supérieurs pour leur réitérer la défense de ne faire entendre aucun cri séditieux et que je ferais arrêter tout individu qui se la permettrait et je les priai d'inviter de ma part messieurs les officiers au silence. A la fin de cette messe, plusieurs officiers ont entonné ce chant, je les ai fait taire à l'instant : quelques cris de *Vive l'Empereur* se sont fait entendre à la sortie de l'église ; j'ai témoigné par un ordre du jour mon mécontentement aux deux bataillons de la Meurthe qui étaient seuls cause de ce scandale et j'ai mis les capitaines aux arrêts forcés ; le 17, deux de ces capitaines ont illuminé leurs croisées ; un rassemblement a eu lieu aussitôt ; des cris séditieux se sont fait entendre, je m'y suis rendu moi-même ; j'ai fait éteindre l'illumination ; j'ai fait transférer les deux officiers dans la prison militaire de cette place et j'ai fait faire de fortes patrouilles pour dissiper toute espèce d'attroupements. Il y a eu en même temps quelques mouvements dans la caserne du 8ᵉ bataillon de la Meurthe et monsieur le major Rostein, officier distingué, m'a prévenu que ce bataillon voulait déserter en entier ; j'ai ordonné de suite que les canonniers se rendissent à leurs batteries ; j'ai fait prendre les armes aux deux compagnies de militaires retraités et à la gendarmerie, et j'ai fait prévenir ce bataillon que s'il ne rentrait pas dans l'ordre et qu'il sortît de sa caserne, je ferais faire feu dessus : le calme s'est rétabli.

Le 19, j'ai reçu un parlementaire de monsieur le comte d'Alpœus, gouverneur général à Nancy pour sa Majesté l'Empereur de toutes les Russies qui me sommait de rendre la place, sous le vain prétexte que j'avais violé la suspension d'armes, y ayant eu des courriers des puissances alliées arrêtés dans les environs de Toul ; j'ai répondu à monsieur le comte que j'avais observé religieusement la convention que j'avais faite le 6 juillet et que je ne rendrais la place qu'en vertu des ordres du roi ; j'ai rendu de suite compte de ces faits à son excellence le ministre de la guerre.

Le même jour, j'ai rassemblé les membres du conseil de défense pour leur faire sentir la nécessité d'arborer le drapeau blanc et envoyer une députation à Paris, j'ai trouvé de la résistance; quelques chefs de corps m'ont allégué qu'ils n'étaient pas sûrs de leur troupe, si je faisais changer les couleurs; j'ai encore patienté, afin d'éviter une révolte et toujours dans les vues de conserver la place de Toul et de ramener les esprits. Le 21, j'ai rassemblé de nouveau le conseil de défense et je l'ai prévenu que j'allais faire arborer le drapeau blanc, quelques membres ont voulu me faire de nouvelles objections, je les ai prévenus que l'ordre était donné et que j'étais décidé à me servir de toute mon autorité pour le faire exécuter.

Le 22, le drapeau a été arboré sur tous les édifices, la garnison a pris la cocarde blanche, une adresse a été votée au roi et portée par un officier au ministre de la guerre. Ce même jour, à huit heures du matin, une partie du 8ᵉ bataillon d'élite de la garde nationale de la Meurthe s'est portée en foule à la porte Moselle, en poussant des cris séditieux et voulant déserter. Les officiers de la garnison se sont portés à cette porte et ont fait rentrer les mutins dans l'ordre. J'ai fait rassembler de suite le conseil de défense qui a pris un arrêté portant que toute personne qui exciterait à la désertion ou qui pousserait des cris séditieux et occasionnerait des rassemblements et qui porterait des signes ou couleurs autres que ceux du gouvernement, serait traduite devant une commission militaire pour être jugée dans les vingt quatre heures. J'ai nommé de suite cette commission ; j'ai fait faire de fortes patrouilles, une batterie de quatre bouches à feu était prête à marcher avec un détachement de gendarmerie et un piquet de 50 hommes des militaires retraités : j'ai fait retirer les cartouches aux deux bataillons de la Meurthe. Depuis ce moment, le calme s'est rétabli et la plus grande tranquillité règne dans la ville de Toul.

Je ne dois pas vous laisser ignorer, mon Général, que j'ai été puissamment secondé pour le maintien de la tranquillité et faire rentrer les mutins dans l'ordre par messieurs *Bron*, major du génie, officier distingué de son arme ; *Rostein*, major commandant les deux bataillons de la Meurthe, très-brave officier ; *Michel*, chef d'escadron commandant l'artillerie, officier estimé dans ce corps ; *Gazin*, chef de bataillon commandant le 3° de la Meurthe, qui a toujours maintenu l'ordre et la discipline dans son bataillon, dont malgré l'exemple du 8°, je n'ai presque pas eu à me plaindre, et Imbard (Pierre-André), lieutenant d'infanterie, secrétaire-archiviste de cette place, qui a constamment été à la tête d'un détachement de la garde nationale sédentaire dans tous les mouvements de trouble pour le maintien de l'ordre et de la tranquillité.

Je vous prie, mon Général, de recommander ces cinq militaires à la bienveillance de Sa Majesté pour qu'ils soient conservés dans leur emploi.

Je dois aussi vous rendre compte que j'ai été très bien secondé par messieurs Teissier, sous-préfet de l'arrondissement de Toul, et Balland, maire de cette ville, et par la grande majeure partie de la garde nationale sédentaire de cette place. Cette garde nationale fait le service dans ce moment avec beaucoup de zèle et d'exactitude et Sa Majesté n'a pas de plus fidèles sujets que les habitants de cette ville.

Fait à Toul, le neuf août 1815.

Le colonel d'artillerie, commandant supérieur de la place de Toul.

(¹)   Signé FRUCHARD.

(Collection Dufresne).

Les habitants de Toul offrirent une épée d'honneur au colonel Fruchard et une médaille en or à leur maire Balland.

(¹) Le sceau renferme 3 fleurs de lis et autour *commandant supérieur de la place de Toul.*

NOTES

Le colonel d'artillerie François Fruchard était né à LaFère (Aisne) le 19 septembre 1763, il entra au service le 10 septembre 1779, et il fut nommé lieutenant d'artillerie le 1er juin 1792.

Capitaine le 13 germinal an 2.

Chef de bataillon, le 7 vendémiaire, an 12.

Colonel, le 17 décembre 1807.

Commandant supérieur à Toul, le 3 mai 1815.

Membre de la légion d'honneur, en l'an 12.

Officier   id.   en l'an 14.

Chevalier de Saint-Louis, en 1814.

Campagnes : Armée du nord, 1792, 1793.

Armée des Alpes, ans 2, 3, 4.

Italie, ans 5, 6, 7, 8 et 9.

Boulogne, ans 12 et 13, 1806.

Grande armée d'Allemagne, 1807 à 1812.

Armée d'Espagne, 1813, 1814.

A Toul, 1815.

Blessé au siège de Valenciennes, à Jemmape, et à la bataille d'Ocâna.

Retraité, sur sa demande, le 1er janvier 1815 ; se retire à Montreuil.

Le ministre de la guerre nomme le 14 juin, sur la proposition du colonel Frussard, M. Imbard comme archiviste, et Martin, Del et Merdier, ex-portiers consignes, à ces emplois.

D'après un décret impérial du 3 mai, la base d'approvisionnement de siége de Toul était de 801 jours pour 1500 hommes et 50 chevaux.

La garde nationale urbaine employée se montait à 670 hom. (1) et 67 pompiers (2) ayant 747 fusils, dont 143 étaient à des gardes nationaux et 604 sans baïonnettes et de divers modèles avaient été tirés de l'arsenal. La garde nationale avait 6 compagnies dont une d'élite et une de voltigeurs. Il y avait

(1) Dont 104 habillés.
(2) 10 habillés.

77 hommes de service par jour ; et il en aurait encore fallu en plus 94, pour garder les 9 bastions, les 9 courtines, les 2 cavaliers, les 3 portes, les 3 avancées, la poudrière, la manutention, etc. Il y avait 3 officiers de garde et 14 sous-officiers ou artilleurs.

Il n'y avait que 3 hommes par sentinelle.

La compagnie sédentaire d'artillerie était forte de 116 hommes, dont 30 habillés ; c'était aussi insuffisant.

Le 4 mai, le général d'artillerie de Metz recevait l'ordre d'armer de suite Toul, un détachement de 25 à 30 artilleurs du 5e partait de Metz le 5 pour cet effet.

Le 14 juin, M. Bresson est nommé adjudant de place à Toul ; avant il y avait le capitaine Duchesne.

M. le sous-préfet Teissier mourut préfet de l'Aude, sous le gouvernement de juillet. C'était un chercheur et un bon historien.

Le 3e bataillon des gardes nationaux d'élite de la Meurthe fut formé à Lunéville le 8 mai; licencié le 21 août.

Chef de bataillon, Gazin (de Maubeuge), *adjudant-major*, Guise ; *payeur*, Martin ; *docteur*, Gaillard ; *capitaines*, Gazel Adrien, Liégey, Laguerre, Champagne, Chedeville ; *lieutenants*, Mautard, Martin, de Maugny, Demangeot, Marchand, Friet ; *sous-lieutenants*, Jandel, Verdelet, Thiriot, Larcher, Berment, Gazel. 20 officiers, 584 hommes.

On reçut successivement de Nancy, 399 paires de souliers, 450 paires de guêtres, 279 chemises, 277 capotes, 163 bonnets, 14 schakos, 194 sacs, etc. Le 17 juin, Groley, de Toul, fit 842 épinglettes à 10 cent., et le conseil d'administration acheta 5 caisses de tambour à 36 francs l'une.

Le 8ᵉ bataillon des gardes nationaux d'élite de la Meurthe fut formé à Lunéville le 19 mai et licencié le 31 juillet.

Mengin (de Xermaménil) *commandant*. Lenoir, *adjudant-major* ; Collin, *payeur* ; Segard, *docteur* ; *Capitaines*, Grandbaron, Benoit, Chatelain, Debuisson, Duchêne, Marmod ; *lieutenants*, Lamblin, Debuisson, Joly, Simonin, Ferry, Pagny ; *sous-lieutenants*, Poirel, Duvalpoutrel, Drouet, Lhuillier, Rochefort. 20 officiers ; 499 présents.

La 1ʳᵉ compagnie d'artillerie de gardes nationaux qui était à Toul en vertu du décret du 22 avril, ne fut pas licenciée le 20 juillet. Elle dut jusqu'à nouvel ordre garder la place et toucher la solde et les vivres. (Paris, 14 septembre 1815), de même que la 2ᵉ compagnie à Phalsbourg.

Le 1ᵉʳ septembre 1815, le ministre de la guerre, Gouvion-St-Cyr, annonce que les troupes russes rentrant dans leurs foyers ne passeront pas par Toul.

Le maréchal duc de Feltre fut obligé (le 2 novembre 1815) d'y laisser passer les troupes prussiennes se rendant à Nancy et Sarreguemines. Mais il fut formulé qu'elles ne devaient pas y séjourner.

Voir au surplus, pour ce qui concerne l'histoire de Toul pendant les Cent-Jours, l'ouvrage de A. D. Thierry, qui donne *in-extenso* la convention faite entre le colonel Fruchard et le chef d'état-major de l'armée alliée. Le livre de M. Thierry est écrit avec honnêteté et science. Il est devenu rare ; il serait à souhaiter qu'on en publiât une seconde édition. Cela serait rendre un véritable service aux personnes studieuses, car depuis le P. Benoit-Picard, dont l'immortel ouvrage ne sera jamais dépassé, on n'a rien publié d'aussi bien fait.

(*Extrait de l'Echo-Toulois*).

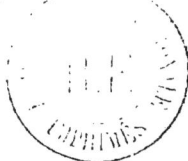

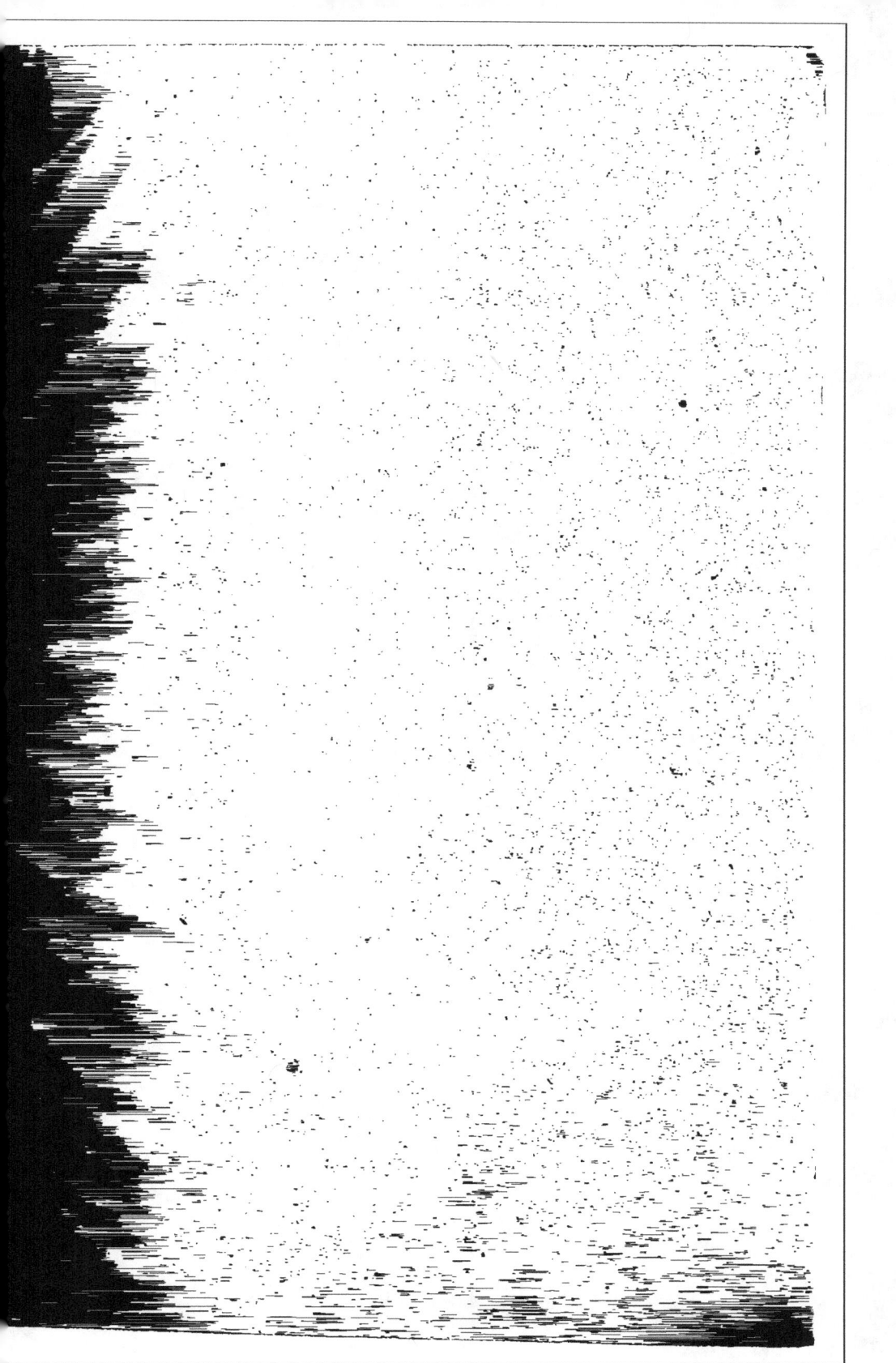

www.ingramcontent.com/pod-product-compliance
Lightning Source LLC
Chambersburg PA
CBHW060724280326
41933CB00013B/2560